YOUR KNOWLEDGE HAS VALUE

- We will publish your bachelor's and master's thesis, essays and papers

- Your own eBook and book - sold worldwide in all relevant shops

- Earn money with each sale

Upload your text at www.GRIN.com and publish for free

La Rivoluzione Conservatrice e la memoria della Grande Guerra

Giuseppe Reguzzoni

Bibliographic information published by the German National Library:

The German National Library lists this publication in the National Bibliography; detailed bibliographic data are available on the Internet at http://dnb.dnb.de.

ISBN: 9783346952172
This book is also available as an ebook.

© GRIN Publishing GmbH
Trappentreustraße 1
80339 München

Print and binding: Books on Demand GmbH, Norderstedt, Germany
Printed on acid-free paper from responsible sources.

The present work has been carefully prepared. Nevertheless, authors and publishers do not incur liability for the correctness of information, notes, links and advice as well as any printing errors.

GRIN web shop: https://www.grin.com/document/1402443

GIUSEPPE REGUZZONI

Gli autori della Rivoluzione Conservatrice e la memoria della Grande Guerra

Indice

1 - La Konservative Revolution

La categoria storiografica di «rivoluzione conservatrice», applicata alle nuove forme di nazionalismo e di conservatorismo in area linguistica tedesca dopo la Prima Guerra Mondiale, è oggi accettata dalla gran parte degli storici, sia pure con considerevoli e non trascurabili distinzioni. Stefan Breuer, che pure è autore di un saggio significativamente intitolato: Anatomie der Konservativen Revolution[1], in un contributo più recente vi preferisce la più asettica distinzione tra Alter Nationalismus e Neuer Nationalismus, tra antico e nuovo nazionalismo, almeno in un contesto di sintesi storiografica più ampia[2], che, però, non rende conto di quanto nella Konservative Revolution non ricadeva e non poteva ricadere nella categoria di "nazionalismo". Ernst Nolte ha continuato a considerare la «rivoluzione conservatrice» una categoria valida, estendendola, anzi, a un contesto paneuropeo, sottolineandone il legame strettissimo con l'esperienza della Prima Guerra Mondiale e con la "guerra civile europea"[3]. Rolf Peter Sieferle ha sottolineato la differenza tra i pensatori della Rivoluzione Conservatrice e i nazionalismi ottocenteschi proprio nella dimensione "rivoluzionaria", includendovi pensatori culturalmente legati all'estrema sinistra (come Paul Lensch)[4]. Si tratta, dunque, di qualcosa di più di un'efficace metafora storiografica o di un provocatorio artificio retorico.

Sul piano strettamente terminologico, il primo a riprendere l'espressione

---

[1] Wissenschaftliche Buchgesellschaft, Darmstadt 1993, ora anche in traduzione italiana: *La Rivoluzione Conservatrice. Il pensiero di Destra nella Germania di Weimar*, traduzione di C.Miglio, Donzelli, Roma 1995.
[2] *Die radikale rechte in Deutschland 1871-1945. Eine politische Ideengeschichte*, Reclam, Stuttgart 2010. Il testo riprende e amplia un articolo precedente: *Die 'Konservative Revolution' – Kritik eines Mythos*, in: "Politische Vierteljahresschrift", Vol. 31, No. 4 /1990, pp. 585-607, dove, in maniera ancor più sintetica si negava valore al concetto di "rivoluzione conservatrice" riducendolo a una forma di nazionalismo specificamente legato alla reazione alla sconfitta nella Grande Guerra.
[3] *La rivoluzione conservatrice nella Germania della Repubblica di Weimar*, a cura di L. Iannone, Rubettino, Soveria Mannelli 2009; inoltre: Id., *Heidegger e la Rivoluzione Conservatrice*, con la collaborazione di Alberto Krali, SugarCo, Milano 1997. Da ultimo: *Heidegger. Tra rivoluzione conservatrice e guerra civile in Europa*, La Scuola, Brescia 2017 (si tratta di due conferenze, redatte in tedesco e, originariamente, presentate a Brescia nel 1990 e nel 1992, rispettivamente dedicate a: *La guerra civile europea 1917-1945* e *Heidegger e la rivoluzione conservatrice*).
[4] *Die konservative Revolution. Fünf biographische Skizzen*, Landverlag, Berlin 2019 (prima edizione Verlag Fischer Taschenbuch, Berlin 1995).

«Rivoluzione Conservatrice» (Konservative Revolution = KR) in riferimento al primo dopoguerra e alla situazione culturale della Germania di Weimar fu lo scrittore austriaco, di origine ebraica, Hugo von Hofmannstahl, nel corso di una conferenza tenuta a Monaco di Baviera nel 1927 sul tema: «La letteratura come spazio spirituale della nazione»[5]. L'espressione era, però, già stata usata nel 1848 da Friedrich Engels, come artificio retorico, in un suo scritto sui moti polacchi del 1839, dove si sottolineava che questi non avevano avuto carattere popolare e non miravano a un progresso sociale del popolo[6]. In seguito, la si ritrova anche nella Russische Anthologie di Thomas Mann, del 1921, applicata alla filosofia di Nietzsche[7]. Mann, del resto, con il suo interventismo, l'opposizione al pacifismo (anche del fratello Heinrich) e le sue Betrachtungen eines Unpolitischen[8], è considerato, almeno sino ai primi anni venti, come un autore della Konservative Revolution.

In breve tempo, questa espressione paradossale divenne, per molti autori, la bandiera di una reazione al sistema partititocratico weimeriano, al liberalismo e al parlamentarismo borghese, vale a dire al sistema politico-ideologico che la sconfitta nella Prima Guerra Mondiale aveva imposto al Reich tedesco, percepito come esterno ed estraneo alla cultura germanica. In luogo dello Stato partitico-parlamentare e del suo classismo implicito, ci si muoveva in direzione di un modello statale libero da condizionamenti partitici e capace di lasciare spazio a una élite culturale in grado di guidare la comunità di popoli e liberi individui. La

---

[5] *Das Schrifttum als geistiger Raum der Nation*, p 31 (http://ds.ub.uni-bielefeld.de/viewer/image/97830/1/LOG_0000/).
[6] «Der Aufstand von 1830 war weder eine nationale (...) noch eine soziale oder politische Revolution; er änderte nichts an der inneren Lage des Volkes; das war eine conservative Revolution» (K. Marx – F. Engels, *Reden auf der Gedenkfeier in Brüssel am 22. Februar 1848 zum 2. Jahrestag des Krakauer Austandes von 1846* (www.mlwerke.de/me/me/me04/me04_519.htm).
[7] Thomas Mann: *Große kommentierte Frankfurter Ausgabe*. Frankfurt 2002, Vol. 15, p. 341. «Seine Synthese ist die von Aufklärung und Glauben, von Freiheit und Gebundenheit, von Geist und Fleisch, ,Gott' und ,Welt'. Es ist, künstlerisch ausgedrückt, die von Sinnlichkeit und Kritizismus, politisch ausgedrückt, die von Konservatismus und Revolution. Denn Konservatismus braucht nur Geist zu haben, um revolutionärer zu sein als irgendwelche positivistisch liberalistische Aufklärung, und Nietzsche selbst war von Anbeginn, schon in den "Unzeitgemäßen Betrachtungen", nichts anderes als konservative Revolution».
[8] Prima edizione tedesca, Fischer Verlag, Berlino 1918. Edizione italiana: Adelphi, Milano 1997.

condivisione dell'esperienza della trincea, in cui le distinzioni della vecchia società si era fuse nella «tempesta d'acciaio», diventava il fondamento storico e ideale di una nuova comunità di popolo e di popoli, finalmente ridestati e pronti a superare le astrazioni dei modelli societari illuministici.

Koselleck osserva che, proprio in Germania, dopo la fine dell'Impero, con la "rivoluzione parlamentare" dell'ottobre 2018 e la successiva Novemberrevolution, il concetto di «rivoluzione» è rivendicato sia dal nuovo regime parlamentare a ispirazione liberale e social-democratica (Eberle) che dalla Räterepubblik e dalla Rätebewegung (dove il termine Rat, consiglio, veniva letteralmente a sostituire quello russo Soviet, palesando lo scontro tra due opposti modelli "rivoluzionari" rispetto all'antico regime prussiano-imperiale). È in tale contesto che il KPD, il neonato Partito Comunista Tedesco, seguendo Lenin, all'evoluzionismo riformistico socialdemocratico il rivoluzionarismo radicale comunista. Su questa medesima linea di contrapposizione al sistema liberal-democratico, si pone l'uso che del termine "rivoluzione" fanno Gustav Landauer («Quello rivoluzionario è l'unico movimento vitale ... tutto il resto è rigidità»), Hugo von Hoffmanstahl (la rivoluzione è «processo vitale», tensione al tutto e al legame con il tutto) e Moeller Van der Bruck («Quella di novembre è stata solo una rivoluzione falsa o parziale ... ma la rivoluzione va avanti ... e noi vogliamo vincerla»), alludendo, quindi, alla Grande Guerra e alla sua conclusione come all'inizio di una nuova rivoluzione nazionale (espressione, poi, ampiamente ripresa dal nazionalsocialismo) [9] . Il termine «rivoluzione» viene quindi configurandosi come categoria di opposizione radicale al sistema weimariano su fronti politici diversi, più come bandiera da agitare nella prassi e nella polemica politica che come concetto storiografico in senso proprio.

A dare a questa bandiera una valenza propriamente storiografica, con carattere di Sammelbegriff (categoria riassuntiva), fu, dopo la Seconda Guerra Mondiale, Armin Mohler, con il suo saggio Die Konservative

---

[9] Per tutto questo e per i relativi riferimenti bibliografici, cfr. Reinhard Koselleck, Art. *Revolution*, in: *Geschichtliche Grundbegriffe. Historisches Lexikon zur politisch-sozialen Sprache in Deutschland*, Klett-Cotta, Stuttgart 1985 (Studiumsausgabe 2004), vol. 5, pp. 653-788, qui pp. 782-785.

Revolution in Deutschland 1918-1932, del 1950[10]. L'opera ebbe origine dalla dissertazione condotta a Basilea sotto la guida di Hans Schmalenbach e Karl Jaspers[11]. Per Armin Mohler la KR è un fenomeno che interessa un'intera generazione (1918-1932), quella segnata dalla partecipazione alla prima guerra mondiale, dall'esperienza della sconfitta politica e militare, dall'umiliazione del Trattato di Versailles e dalle agitazioni comuniste, che cercarono di ripetere in Germania quanto era avvenuto e stava avvenendo in Russia in seguito ai fatti dell'ottobre 1917. Non è superfluo constatare come gli ultimi tre fattori siano in una diretta relazione con il primo e come, dunque, l'esperienza che più propriamente stia all'origine della KR, sia proprio la Grande Guerra. Questo non significa che rispetto a essa i suoi protagonisti si siano posti allo stesso modo; anzi, proprio la rilettura di quegli eventi e delle sue conseguenze sulla storia europea e tedesca è uno degli elementi che più caratterizza in maniera specifica le singole correnti della KR. La Germania, dall'idealismo in poi, non riesce a confrontarsi ai grandi eventi storici se non pensandoli come momenti della propria fenomenologia dello spirito. In questo senso la KR è il tentativo di tradurre in pensiero, generatore di azione, la tragedia della Prima Guerra Mondiale.

Proprio in riferimento a questo nesso strettissimo tra azione e pensiero, è, dunque, significativo il fatto che il saggio di Mohler, nella nuova edizione curata da Weissmann, indichi tra le fonti del concetto di «rivoluzione conservatrice» l'opera di Eugen Rosenstock-Huessy[12], sulla cui specificità si ritornerà più avanti, ma che, viene a buon diritto considerato come il teorico della categoria di «rivoluzione». Breuer, che evita l'espressione KR, preferendole il concetto tradizionale di «nazionalismo» non cita in nessuna delle sue due opere principali questo autore, ebreo convertito al cristianesimo evangelico, emigrato negli Stati Uniti nel 1932, che, invece, paradossalmente trova molto più spazio proprio in Armin Mohler e, a cui, in ogni caso, deve essere fatto risalire la monografia più decisiva sul concetto di «rivoluzione», come rivolgimento

---

[10] In questo articolo si farà riferimento alla nuova edizione, curata e ampliata da Karlheinz Weissmann: *Die konservative Revolution in Deutschland 1918-1932. Ein Handbuch*, Ares Verlag, Graz 2005, arricchita da un ricco apparato bio-bliografico (d'ora in poi semplicemente: *Die k. R*). Sull'edizione originale del 1950 è condotta la traduzione italiana: *La Rivoluzione Conservatrice in Germania 1918-1932*, La roccia di Erec, Firenze 1990.

[11] Sulla genesi dell'opera, cfr. S. Breuer, *La rivoluzione conservatrice* ..., p. VIIs.

[12] Qui, in particolare, p. 230.

nella storia della mentalità. Rosenstock-Huessy disancora l'idea di rivoluzione da quella di progresso, circoscrivendo quest'ultimo a mito delle ultime due fasi rivoluzionarie della storia dell'Occidente, la Rivoluzione Francese e la Rivoluzione Russa. Ancora a distanza di molti anni, Rosenstock Huessy, che ad Harvard, dove fu a lungo docente seguitissimo, ebbe a scontrarsi con le autorità accademiche per la sua critica del liberalismo (usava, tra l'altro, riferirsi esplicitamente a Dio nelle sue lezioni), continuò a parlare e a scrivere di una rinascita della cultura occidentale a partire dal superamento dell'Illuminismo e di un cristianesimo postnietzschiano [13], facendo coincidere l'idea di "rivoluzione" con quella di "Umwalzung", sconvolgimento e riposizionamento dello spirito rispetto agli eventi e alle circostanze temporali.

Ciò che, peraltro, individua il carattere generale e rivoluzionario dei pensatori della KR, rispetto a minoranze puramente nostalgiche e revansciste, prigioniere del modello guglielmino, è la volontà di andare oltre la sconfitta, alla ricerca di una nuova Germania, fondata sulla piana recezione della modernità scientifica e sul superamento delle vecchie categorie di "destra" e di "sinistra", anche mediante la giustapposizione di elementi politici sino ad allora attribuiti all'una o all'altra e percepiti come contrapposti. Proprio questa volontà costituisce altresì la prima differenza rispetto al movimento nazionalsocialista, per quanto concerne il modo di intendere la sconfitta e il nuovo ruolo della Germania postbellica.

L'altro elemento - filosofico, più che storico – che contraddistingue e accomuna le diverse correnti conservativo-rivoluzionario è, appunto, il superamento pieno dell'Illuminismo e del suo modello di razionalità. Da tale rifiuto discende il carattere antiborghese della Konservative Revolution e della dimensione "filistea" del preteso buon senso che governa i cosiddetti valori del modello sociale liberal-borghese. In questo un punto di riferimento primario, sia pur non unico e non unanimemente condiviso, è l'opera di Friedrich Nietzsche. Nel loro proposito di conciliare in un'unica visuale politica l'idea di liberazione nazionale e quella di rivoluzione sociale, in un ampio spettro ideologico che andava dall'anarco-individualismo al comunitarismo identitario, i

---

[13] Esemplarmente: *The christian future: or the modern Mind Outrun*, New York 1966.

rappresentanti della KR costituiscono il terzo gruppo di opposizione alla Repubblica di Weimar, insieme con i comunisti e i nazionalsocialisti. Gli autori della KR non mancarono, poi, di far sentire tutta la loro distanza dal «giacobinismo bruno» di questi ultimi, cui rimproverano il carattere "plebeo", totalitario e massificatore.

Secondo Mohler, gli autori della KR si possono distinguere in cinque grandi correnti o tendenze, che val la pena di riprendere qui molto brevemente: i Nazionalrivoluzionari (Nationalrevolutionäre), i Giovani-conservatori (Jungkonservative), i Völkische, i Bündnische e la Landvolkbewegung[14].

1) Quello dei Nazionalrivoluzionari era il gruppo dei più giovani, profondamente e personalmente segnati dagli eventi del fronte bellico e dalla sconfitta del 1918. Tra le tendenze della KR, la loro è quella più aperta all'idea di progresso e all'uso della tecnica, come strumento per conseguire i propri fini, ma mai come fine in sé e per sé. I Nazionalrivoluzionari rifiutano la tradizionale distinzione tra destra e sinistra e hanno un programma economico anticapitalista, molto prossimo alle idee socialiste, ma in chiave nazionale. Proprio per questo sono vicinissimi al movimento del nazionalbolscevismo e guardavano con simpatia a quanto accadeva in Russia. Lontanissimi dal misticismo identitario dei Völkisch, i nazionalrivoluzionari guardano alla realtà urbana e industriale, come a un nuovo contesto di resistenza e di creatività politica. La figura centrale, negli anni Venti di questa tendenza è senza dubbio Ernst Jünger, ma non si può trascurare l'ala sinistra dei nazionalboscevich, che guardavano con simpatia quanto stava avvenendo nella Russia sovietica e sostenevano la necessità geopolitica per la Germania di allearsi alla Russia. Il principale esponente di quest'ala è certamente Ernst Niekisch, divenuto, dopo il 1933, coerentemente, un oppositore del Nazionalsocialismo, incarcerato e, dopo la guerra, tra i fondatori della DDR (da cui prese le distanze, venendone espulso, dopo le agitazioni operaie degli anni Cinquanta). Dai nazionalrivoluzionari vennero, negli anni Venti, gli attacchi più duri alla Repubblica di Weimar, con gli assassini politici dei ministri Erzberger e Rathenau.

Secondo Mohler, a questo gruppo, oltre ai già citati Ernst Jünger e Ernst Niekisch, si possono ricondurre, almeno per le loro opere collocate

---

[14] Cfr., anche per quanto segue, *Die k. R.*, pp. 99-177.

nell'arco temporale a cui fa riferimento il suo saggio, personalità come Friedrich Georg Jünger, Friedrich Hielscher, Ernst von Salomon, Hartmut Plaas, Franz Schauwecker, Harro Schulze-Boysen, Otto Strasser.

2) Con la categoria di "giovani conservatori" (Jungkonservative) Mohler indica un gruppo di intellettuali che, subito dopo il 1918, fanno riferimento a Moeller van den Bruck. L'aggettivo "giovani" (Jung) vuole sottolineare la distanza e la differenza rispetto ai vecchi conservatori, giudicati semplicemente reazionari. Il concetto è stato sviluppato da Armin Mohler in una sua opera, ancora pressoché sconosciuta al pubblico italiano: Gegen die Liberalen[15], dove, evidenziando le contraddizioni interne del liberalismo e dello Stato liberale, distingue tra il "reazionario", semplicemente nostalgico del passato, e il "conservatore", che costruisce solidamente sulla tradizione il cambiamento. «Per principio conservatore noi intendiamo non la difesa di ciò che era ieri, ma una vita fondtata su ciò che avrà sempre valore» (Albrecht Eric Günther). Gli Jungkonservative vogliono andare oltre la nostalgia per la Germania guglielmina che caratterizza i "vecchi conservatori". Hanno un'idea stratificata, gerarchica e complessa di società, sono contrari all'egalitarismo e considerano contraddittorio il modello liberale. Facendo riferimento al precedente storico del Sacro Romano Impero di Nazione Germanica, rifiutano un modello statale unitario nazionale e, con ciò, sono lontani sia da Bismarck che da Hitler. Inoltre, quello degli Jungkonservative è l'unico gruppo della KR a considerare vitale il rapporto con il Cristianesimo, sia nella forma cattolica che in quella protestante. Armin Mohler colloca tra gli Jungkonservative le opere iniziali di Arthur Moeller van den Bruck, il primo Thomas Mann, Heinrich barone di Gleichen, Edgar Julius jung, Hans Bogner, August Winnig, Hermann Ullmann, Wilhelm Stapel, Ulrich von Brockdorff-Rantzau, Hans von Seeckt, il teologo Friedrich Gogarten (che in seguito avrebbe aderito ai Deutsche Christen), Georg Quabbe, Paul Althaus, Othmar Spann, Eugen Rosenstock-Huessy (almeno sino all'inizio degli anni Trenta) e, entro certi limiti, Carl Schmitt, cui va riconosciuta una sua particolarissima specificità.

---

[15] Edition Antaios, Schnellroda, 2010.

3)   Il gruppo dei Völkische (termine solo inappropriatamente traducibile con "popolari", per gli equivoci che il termine può ingenerare nel lettore di lingua italiana) è, in realtà, il più antico dei gruppi della KR individuati da Mohler, dal momento che esso fa riferimento a circoli e correnti già esistenti nella Germania guglielmina. Il suo è un approccio fortemente sincretistico all'idea di nazione, con una violenta carica antisemita e un riferimento ideale a concetti chiave come "razza", "razza nordica", "germanesimo". Il concetto di razza è inteso non solo e non tanto in chiave biologica, ma come fenomeno culturale e antropologico. Il punto, per il Völkische, è la difesa del "popolo" (Volk), inteso come identità etnica e spirituale. All'interno di questo gruppo fu sviluppata l'idea di un Cristianesimo ariano (per esempio nell'opera di Jakob Wilhelm Hauer, Ein arischer Christus?), con una forte caratterizzazione esoterica. Al gruppo sono, inoltre, riconducibili teorie e autori neopagani o spiritisti. Gran parte degli autori völkisch aderì al nazionalsocialismo, di fatto costituendone una delle correnti predominanti. In modi e forme differenti possono essere ascritti ai Völkische autori come Theodor Fritsch, Willibald Hentschel, Otto Ammon, Houston Steward Chamberlain, Guido von List, Jörg Lanz von Liebenfels, Herman Woirth, Ernst conte di Reventlow, Erich Ludendorff, Ludwig Woltmann e Jakob Wilhelm Hauer.

4)   Ambedue i gruppi della Bündnische Jugend e della Landvolkbewegung si distinguono, secondo Mohler, dagli altri per il loro carattere più pragmatico e meno ideologico, traendo, ecletticamente, le loro motivazioni ideali dal patrimonio di pensiero degli atri tre gruppi. La Bündnische Jugend concepiva se stessa come un movimento giovanile elitario e vitalistico, erede in questo dei Wandervögel, tanto che, a partire dal 1933, gran parte dei suoi esponenti confluì, con ruoli dirigenziali, nella Hitlerjugend. La Landvolkbewegung sorse come movimento politico nello Schlewig-Holstein, estendendosi poi anche ad altri territori, con iniziative di resistenza passiva contro lo Stato, come la resistenza fiscale, a difesa degli «interessi agrari» e, più in generale, dell'eredità «della terra».

Tutte le tendenze della KR rifiutano l'eredità illuministico-borghese, identificata con lo Stato liberale, e sono proiettate in avanti, alla ricerca di una "rigenerazione" della Germania e dell'Europa, che ha come fulcro storico la tragedia della Prima Guerra Mondiale. È interessante notare come siano proprio queste le motivazioni che, dopo il 1933, spinsero un pensatore come Martin Heidegger, ad aderire alla NSDAP.

Successivamente a Mohler e con un'ampia, sia pur indiretta considerazione, della prospettiva storiografica inaugurata da Nolte. Rolf Peter Sieferle, nella succitata opera, proponeva una diversa partizione degli autori della KR, a sua volta distinguendo cinque grandi aree di pensiero: 1) il "völkische Komplex" (sostanzialmente riconducibile all'area völkisch di Mohler); 2) il "nationale Sozialismus" (o socialismo nazionale, collegata o alla tradizione del "socialismo prussiano" o di derivazione marxista e legata alla crisi della socialdemocrazia tedesca durante e subito dopo la Grande Guerra); 3) il complesso del "revolutionäre Nationalismus" (nazionalismo rivoluzionario); 4) il complesso "aktivistisch-vitale", di impronta vitalistica; 5) il complesso del "biologischer Naturalismus" (naturalismo biologico). Per ciascuna di queste aree Sieferle indica delle figure significative a titolo esemplare, rispettivamente: 1) Paul Lensch; 2) Werner Sombart; 3) Oswald Spengler; 4) Ernst Jünger; 5) Hans Freier. Da qui deriva il sottotilo della sua opera: Fünf biographische Skizzen. In particolare, la presenza di un'area (o, come preferisce Sieferle di un "complesso") social-rivoluzionario deve essere ricondotto alla crisi profonda del movimento operaio di matrice socialdemocratico-marxista, che, con la nascita della repubblica di Weimar, diede a molti socialisti radicali l'impressione che il movimento, trasformato in partito, fosse divenuto uno dei sostegni cui si poggiava lo status quo liberal-democratico-capitalista[16]. Una tendenza simile Sieferle, almeno in questo seguendo Nolte, riscontra anche in Francia e in Italia, ma in Germania essa venne a incontrarsi, con una profondità anche filosofica ignota altrove, con le spinte irrazionalistiche provenienti dalla psicoanalisi e dalla psicologia del profondo[17]. A una modernità, che si concepiva in chiave individualistica e razionalistica, occorreva rispondere con una svolta volontaristica, che si ponesse fuori dal terreno della civiltà industriale e dei suoi valori. All'irrazionalità del tutto veniva a corrispondere il gesto irrazionale della protesta, come

---

[16] Cfr. *o.c.*, p. 9
[17] Cfr. *o.c.*, p. 15.

azione diretta, come atto violento e come "guerra". La relazione tra KR e rivoluzione della sinistra radicale non può, quindi, essere equivocata nei termini di rivoluzione e contro-rivoluzione. Si tratta, piuttosto, di due programmi genuinamente rivoluzionari, di rivoluzioni parallele, contro il medesimo avversario: la società borghese[18].

Per Sieferle le differenze con quanto avveniva in Francia e in Italia sono evidenti. Cita il socialismo di Mussolini, ma solo molto indirettamente fa riferimeno all'influsso intellettuale dell'Action Française, e, dunque, alle opere di Maurice Barrès e Charles Maurras. Barrès, il romanziere della decadenza e, poi, portavoce del nazionalismo francese, costituirebbe, di per sé, proprio un'espressione del vitalismo attivistico a cui Sieferle fa riferimento, pur non avendo alcun nesso con la tradizione socialdemocratica prussiana. Maurras, a sua volta, appare, in realtà, segnato da molti tratti conservatori in senso classico, ma il suo cattolicesimo-politico (pare fosse personalmente ateo) e il suo sostegno alla monarchia avevano caratteri chiaramente cesaristici, che, insieme con altri aspetti del suo pensiero, facevano di lui un fascista, almeno secondo l'interpretazione di Ernst Nolte: «Maurras fu il primo in Europa che, come pensatore e politico del conservativismo, si spinse oltre i confini che segnavano l'inizio del fascismo»[19]. Diversamente da Nolte, Zeev Sternhell, ritiene che Maurras debba essere inteso piuttosto come reazionario o controrivoluzionario, mentre il fascismo, in senso stretto, era rivoluzionario, dal momento che faceva suoi i progressi economici, tecnologici e industriali della modernità[20]. La posizione di Sieferle – che cita il socialismo di Mussolini, ma non si spinge oltre, in un approfondimento del carattere rivoluzionario o meno del fascismo italiano e di quello di Maurras - appare, quindi, diversa tanto da quella di Nolte che da quella di Zeev Sternhell. In particolare, Sieferle sembra

---

[18] Cfr. *o.c.*, p. 17, dove, peraltro, nella Nota 6, Sieferle sostiene di distanziarsi, con questa considerazione, dalla nozione di «guerra civile europea», così come era stata elaborata da Nolte.

[19] Ernst Nolte, *Der Faschismus in seiner Epoche. Action française – Italienischer Faschismus – Nationalsozialismus. Mit einem «Rückblick nach dreißig Jahren»*, München 1995, 127. Scettico su questa posizione Karlheinz Weißmann, *Der nationale Sozialismus. Ideologie und Bewegung 1890 bis 1933*, München 1998, 20 nota 10.

[20] Zeev Sternhell/ Mario Sznajder/ Maia Asheri, *Die Entstehung der faschistischen Ideologie. Von Sorel zu Mussolini*, Hamburg 1999, 18.

separare il concetto di KR in Germania da quello di «guerra civile europea», ponendo l'accento soprattutto sugli elementi «rivoluzionari» e anticapitalistici della prima.

In realtà, l'analisi di Sieferle sembra, quindi, cogliere il segno solo per due delle aree da lui indicate, quella del socialismo nazionale e quella del vitalismo attivistico, che, effettivamente, andarono progressivamente incontrandosi, con una sorta di ritorno a forme di socialismo utopistico e antiscientifico, dunque "pre-marxiste". Non a caso, dopo aver presentato l'elemento attivistico-vitalistico come dimensione del superamento tanto del nazional-conservativismo classico che della socialdemocrazia istituzionalizzata, Sieferle conclude che la grande questione della KR è il nesso che essa, di volta in volta, stabilisce con la modernità e, più precisamente con la "technische Zivilisation", la civiltà tecnica, in forma di superamento radicale e/o di ricomprensione funzionale alla rivoluzione.[21]

Anche Sieferle, che raramente cita Mohler, concorda, di fatto, con la considerazione della Grande Guerra come momento di svolta per la crisi che genera i diversi complessi della KR e, soprattutto, per la sua specificità "tedesca". Lo fa, in particolare, proprio all'interno dei cinque schizzi biografici che, nella sua opera, seguono la lunga introduzione sui concetti di fondo della KR, mediante costanti richiami alle esperienze di guerra, individuali e politico-collettive, che segnano la vita dei cinque personaggi da lui considerati esemplari ed esemplificativi.

---

[21] Cfr. Sieferle, *o.c.*, p. 34.

2 – Gli autori della KR e la memoria della Grande Guerra

Secondo Nolte, «già prima del 1914 erano riconoscibili tre fondamentali segni distintivi di un conservatorismo nuovo e rivoluzionario, ancorché solo tendenziali e ristretti a gruppi minoritari». L'osservazione è coerente con la collocazione della KR nel complesso processo e nelle fasi della «guerra civile europea», di cui la Grande Guerra non rappresenta che una tappa. Per Nolte questi tre segni distintivi sono: 1) «un deciso antimarxismo, che sperimentava concetti e impostazioni marxiste»; 2) una radicale critica della civiltà moderna», che metteva in discussione non solo il liberalismo, ma anche il vecchio conservativismo; 3) un «bellicismo» contrario alle aspirazioni pacifiste, considerate diseducative «all'affermarsi della grandezza umana e dello spirito di sacrificio»[22].

Il momento nodale per la costituzione di questi tre tendenze originarie deve essere ravvisato nello «spirito dell'agosto 1914», dopo il celeberrimo discorso del Kaiser: «Ich kenne keine Parteien mehr, Ich kenne nur Deutsche», «Non conosco più partiti, conosco solo tedeschi», ma, soprattutto, dopo il voto favorevole della SPD ai crediti di guerra, dichiarato in parlamento da Hugo Haase, membro dell'ala sinistra del partito con queste parole: «Per il nostro popolo e per il suo futuro di libertà molto, se non tutto, è in gioco, in caso di vittoria del dispotismo russo. Non piantiamo in asso la patria nel momento del pericolo ... ». Prende così forma l'idea di una Volksgemeinschaft, una comunità di popolo e di destino, a cui la SPD diede il contributo probabilmente più determinante[23].

---

[22] Per tutto questo, cfr. *Heidegger. Tra rivoluzione conservatrice e guerra civile in Europa*, La Scuola, Brescia 2017 (il testo riprende un conferenza tenuta dall'autore a Brescia nel 1990).

[23] Per tutto questo, cfr. (con riferimenti a fonti e bibliografia): Steffen Bruendel, *Die Geburt der «Volksgemeinschaft» aus dem «Geist von 1914». Entstehung und Wandel eines «sozialistischen» Gesellschaftsentwurfs*, in: *Wirkungen und Wahrnehmungen des Ersten Weltkrieges* (a cura di Klaus Grosse Kracht e Vera Ziegeldorf), in: *Historisches Forum* 3/2004, Veröffentlichungen von Clio-online, Nr. 2 ISSN: 1612-5940 – Berlin, pp. 29-60, qui p. 29s. inoltre, Id., *Zeitenwende 1914. Künstler, Dichter und Denker im Ersten Weltkrieg*, Herbig, München 2014.

Da questo consenso socialdemocratico di fondo derivarono nei mesi successivi tre grandi correnti politiche: la sinistra radicale, confluita poi nel KPD (il partito comunista tedesco), che, come i bolscevichi in Russia miava a trasformare la guerra mondiale in rivoluzione sociale; l'area pacifista, che puntava alla conclusione più rapida possibile della guerra; il terzo gruppo, raccolto intorno a Paul Lensch, Heinrich Cunow e Conrad Haenisch, che identificava la guerra mondiale con la rivoluzione mondiale, in cui il conflitto tra Germania e Inghilterra veniva letto come lo scontro tra un principio storico progressivo (il socialismo tedesco) e uno reazionario (il liberalismo inglese) [24]. La posizione di Lensch era certamente radicale e condivisa solo da una piccola minoranza della SPD, ma destinata a lasciare il segno, identificando il mondo anglosassone con il capitalismo allo stato puro. Non a caso Nachum Goldmann (che, poi, sarebbe divenuto uno dei leader del movimento sionista che portò alla fondazione dello Stato di Israele), collocandosi su questa linea, arrivò a contrapporre all'individualismo liberale anglosassone la «democrazia» sociale ed egualitaria tedesca, di cui, per lui, era espressione finanche lo spirito militarista prussiano, in quanto cameratismo comunitario di un popolo in armi[25].

Alla dimensione ideologica, allo «spirito dell'agosto 1914» o alle riletture rivoluzionarie dell'esperienza della guerra, si aggiunsero, poi, le esperienze vissute della stessa, tradotte in «memorie»

Nei fatti letteratura e l'interpretazione narrativa della Grande Guerra non si esauriscono certo nella contrapposizione tra un filone "eroico", che potrebbe essere esemplarmente rappresentato da In Stahlgewittern di Ernst Jünger, e un filone pacifista, solitamente identificato nell'opera di Erich Maria Remarque, Nicht neues im Westen, tanto più che ambedue i modelli narrativi, in ogni caso, presuppongono e dimostrano l'orrore della guerra [26]. Nella sua approfondita indagine sulla produzione letteraria della Germania dell'immediato primo dopo guerra, Günther

---

[24] Cfr. R. P. Sieferle, *o.c.*, p. 67s.
[25] Cfr. *ibidem*, p. 69s.
[26] Per una rassegna delle più recenti pubblicazioni sulla letteratura di guerra nella repubblica di Weimar, cfr. Michael Rieger, *In den Weimarer Schützengräben*, "Sezession" 67 (Berlin - Schnellroda, agosto 2015), pp. 46-48.

Scholdt[27], richiamando le testimonianze di Tucholsky, Kästner, Döblin, Jünger, Beumelburg e dei due Mann dimostra non solo e non tanto le divergenze esistenti tra loro nella rilettura dell'esperienza della guerra, ma soprattutto la capacità, da parte loro, di profonde inversioni, a 180°, nelle intenzioni e prese di posizione politiche. Kurt Tucholsky e Alfred Döblin, per esempio, da una prima collocazione pacifista e antimilitarista, sul finire della guerra, manifestano una fiducia radicale nella possibilità di una pace da vincitrice per la Germania (Siegfrieden).

È in questo contesto, ideologicamente fluido, che si collocano gli autori della KR, in un confronto con la Grande Guerra che non è meramente memorialistico, né, men che meno, revanscista. Del resto, proprio in questo consiste una delle differenze tra gli autori della KR e i vetero-conservatori o paleo-nazionalisti di impronta romantica: la ricerca di un senso per quanto era accaduto che permettesse di andare oltre il passato e verso un futuro radicalmente nuovo. L'argomento è tanto complesso che in questa sede non può che essere trattato per esempi emblematici e idee generali portanti, senza pretese in alcun modo esaustive. Per tutti gli autori della KR la sconfitta fu uno choc, che, in molti casi, richiese molto tempo perché da esso ci si riprendesse e perché potesse divenire oggetto di riflessione. All'origine di tutto, in ogni caso, vi è l'esperienza della guerra e il suo carattere disumanamente tecnologico, così esemplarmente descritto da Ernst Jünger, nel suo Im Stahlgewitter, «Nelle tempeste di acciaio»[28].

2.1 – Nelle tempeste di acciaio

L'opera, che solo impropriamente può essere definita un romanzo, descrive l'esperienza dell'Autore sul fronte occidentale, dal gennaio 1915 fino all'agosto 1918. Con una tecnica narrativa fortemente espressionistica e, per molti versi, vicina al criterio di impersonalità

---

[27] *Die große Autorenschlacht. Weimars Literaten streiten über den Ersten Weltkrieg* (Berliner Schriften zur Ideologienkunde, Vol. 5), I.F.S. –Antaios, Schnellroda 2015.
[28] Per il testo tedesco, tra le molte edizioni, cfr. soprattutto l'edizione critica, curata da Helmuth Kiesel: *Im Stahlgewitter*, Klett- Cotta Verlag, Stuttgart 2013, 2 voll. cui ci richiamiamo per la storia del testo. Kiesel vi riporta le diverse edizioni, evidenziando le differenze esistenti tra di esse. Il volume riproduce la prima edizione e l'ultima, con numerose note e indicazioni critiche. Nel secondo volume sono raccolte e confrontate tutte le varianti testuali.
Per il testo italiano, cfr *Nelle tempeste di acciao*, Guanda, Parma 2007, ora anche in pdf: http://followers.altervista.org/Ernst_Junger_-_Nelle_tempeste_dacciaio.pdf.

proprio di alcuni autori classici, come Caio Giulio Cesare nel De bello gallico, Jünger racconta il farsi della guerra, il suo divenire quasi meccanico di fronte all'umanità dei suoi attori, i soldati. A chi tra i contemporanei lo leggeva come un testo narrativo tradizionale, il testo parve ambivalente: la guerra vi è descritta in tutta la sua brutalità, ma non ne sono ricercate le cause né essa è condannata in quanto tale. Esso può essere letto come un'affermazione della guerra, come se si trattasse di una descrizione neutrale, o come una denuncia dei suoi orrori sotto il velo del racconto impersonale e oggettivo. In realtà, la guerra per Jünger è anzitutto esperienza interiore che porta alla conoscenza del valore e del significato dell'individuo nella lotta per la sopravvivenza. Il testo ha una sua interessante storia compositiva, che la dice lunga su come Jünger volesse fosse interpretata l'esperienza della guerra alla luce delle vicende politiche che coinvolgevano la Germania. In effetti, vi sono delle differenze significative tra l'edizione del 1924 e quella del 1934 (un anno dopo la presa del potere della NSDAP). La revisione del 1924 è condotta in direzione del nuovo nazionalismo, come risulta evidente dal periodo introdotto alla conclusione: «Se anche dall'esterno la violenza e dall'interno la barbarie si ammassano in nubi oscure, sino a quando nella tenebra lampeggiano e fiammeggiano le lame, allora significa: La Germania vive e la Germania non deve finire!»[29]. La revisione condotta in vista dell'edizione del 1934 eliminò quasi tutti questi passaggi di carattere nazionalista. Anche le successive revisioni del testo muovevano in direzione di una rilettura dei fatti, in chiave realistica e senza intrusioni politico-nazionaliste, privilegiando, invece, la dimensione eroico-esistenziale.

La guerra compare così come un evento fatale, a cui gli esseri umani sono consegnati come a catastrofi naturali (da qui il titolo, fortemente espressivo). Il rafforzamento di una simile procedura narrativa, realistica sino all'estremo, è anche in contrapposizione all'espressionismo che dominava la cultura tedesca degli anni Venti. Del resto, come afferma Sturm, il protagonista, soldato e scrittore, di un'altra opera di poco posteriore ambientata nelle trincee della Grande Guerra: «Si è a un tempo guerrieri e monaci», perché «in simili deserti le cose vanno meglio per l'uomo di vita contemplativa», che vede – e dunque narra – le cose

---

[29] «Wenn auch von außen Gewalt und von innen Barbarei sich in finsteren Wolken zusammenballen, – solange noch im Dunkel die Klingen blitzen und flammen, soll es heißen: *Deutschland lebt und Deutschland soll nicht untergehen*». La traduzione è mia.

«con gli occhi del medioevo», cioè senza le mediazioni e gli artifici della società tecnocratica[30].

A differenza di altre opere coeve e affini nella tematica generale, come Niente di nuovo sul fronte occidentale di Erich Maria Remarque, Jünger si concentra sul divenire degli eventi con un linguaggio crudo e immediato. Il nemico è presentato con grande rispetto, senza alcun rilievo alle virtù germaniche (almeno nelle edizioni successive al 1934). Interessante sul piano storico è il fatto che Jünger non taccia la situazione desolata dell'esercito tedesco, la mancanza di rifornimenti e di supporto logistico e la superiorità di mezzi delle truppe nemiche. In tal modo, anche se mai in maniera esplicita, Jünger mostra di non condividere la propaganda della Dolchstosslegende, la leggenda della "pugnalata alla schiena", che attribuiva la sconfitta al cedimento del fronte interno e non alla superiorità militare ed economica degli alleati.

2.2 – Mobilitazione Totale

Ernst Jünger, peraltro, non si ferma alla "narrazione" della guerra. Per comprendere le ragioni della sconfitta e la necessità di una rinascita che faccia i conti con la modernità, secondo Jünger, bisognava guardare altrove e, più precisamente, al concetto di "mobilitazione totale". Die totale Mobilmachung – La mobilitazione totale – apparve per la prima volta nel 1939, all'interno di un'opera collettiva intitolata Krieg und Krieger, guerra e e guerrieri[31]. L'idea centrale è che la mobilitazione totale, che è una delle ragioni fondamentali della vittoria dell'Intesa, sia possibile solo alle "democrazie". Non per nulla la guerra ha condotto alla fine della Russia zarista e dell'Austria-Ungheria imperiale, segnando anche la sconfitta della Germania e indicando a quest'ultima la strada. Come esempi di come funzioni la mobilitazione vengono citati tre avversari politici, critici rispetto all'Impero tedesco, ma sostenitori della guerra: il socialdemocratico Ludwig Frank, il giornalista Maximilian

---

[30] Il tenente Sturm, Guanda, Parma 2001, qui. p. 31. L'edizione originale è del 1923. È il concetto di Kampf als inneres Erlebnis, la battaglia come evento interiore, per ulteriori spunti, cfr. H. Schwilk, Ernst Jünger. Ein Jahrhunderleben. Die Biographie, Piper, München-Zürich 2007. pp. 224-240; edizione italiana: Effatà, Cantalupa (TO) 2013.
[31] In seguito il saggio fu inserito nella raccolta Blätter und Steine, (Edizione italiana: Foglie e pietre, Adelphi, Milano, 1997, pp. 113- 135).

18

Harden e Walter Rathenau.

Jünger considera la mobilitazione totale come contraria allo "spirito eroico", ma conforme al un modello si società massificato e razionalizzato, quello, appunto delle "democrazie".

È interessante notare che Krieg und Krieger raccoglieva altri contributi relativi alla guerra e legati ai circoli della KR. Oltre al saggio di Ernst Jünger, erano presenti i seguenti testi: Wilhelm von Schramm, Schöpferische Kritik des Krieges («Critica creativa della guerra»); Friedrich Georg jünger, Krieg und Krieger (che dà il titolo alla raccolta)[32]; Albrecht Erich Günther, Die Intelligenz und der Krieg («L'intelligenza e la guerra»); Ernst von Salomon, Der verlorene Haufe («Il mucchio perduto»); Friedrich Hielscher, Die grosse Verwandlung («La grande metamorfosi»); Gerhard Günther, Die Bändigung des Krieges durch den Staat («La domatura della guerra da parte dello Stato». Il volume, già nel 1930, subì la critica sferzante di Walter Bejamin, che lo considerava "fascista"[33], mentre un esperto dell'opera di Jünger, come Helmuth Kiesel, sottolinea che Jünger non fu affatto un propagandista della "mobilitazione totale", ma semplicemente colui che la diagnosticò[34]. In effetti, le parole di Jünger meritano di essere riprese alla lettera, anche se in forma breve e senza particolari commenti: «La Mobilitazione Totale non è una misura da eseguire, ma qualcosa che si compie da sé; essa è, in guerra e in pace, l'espressione della legge misteriosa e inesorabile a cui ci consegna l'età delle masse e delle macchine» (p. 121). «Il lato tecnico della Mobilitazione Totale non è però quello decisivo. Il suo presupposto si trova, come il presupposto di ogni tecnica, a un livello più profondo: lo chiameremo disponibilità alla mobilitazione. Questa disponbilità era presente in tutti i paesi, la guerra mondiale è stata una delle guerre più popolari che la storia abbia conosciuto» (p. 122). «Lo Stato in cui l'universo delle forme medievali continuava a condurre un'esistenza spettrale (...) l'Austria-Ungheria, va a pezzi come una casa fatta saltare da un'esplosione. (...). Così negli Stati Uniti, paese dal regime costituzionale democratico, la mobilitazione poté procedere con misure di una drasticità che era risultata impossibile in uno Stato militare come la Prussia. (...). Perché già durante il conflitto non era più questione se uno Stato fosse o meno uno

---

[32] Il testo è stato recentemente ripreso in lingua italiana in un volumetto che comprende anche il celebre *Discorso di Verdun* di Ernst Jünger (1979): F. G. Jünger – E. Jünger, *Guerra e guerrieri*, a cura di M.Guerri, Mimesis Edizioni, Milano-Udine 2012.

[33] Cfr. Helmuth Kiesel, *Ernst Jünger. Die Biographie*, Siedler, München 2007, p. 378.

[34] *Ibidem*, p. 374.

Stato militare, ma in che misura fosse capace di mettere in atto la Mobilitazione Totale» (p. 124). «La Kultur non si lascia sfruttare a scopi propagandistici» (p. 127).

2.3 Perdere la guerra per guadagnare la Nazione

Un autore che "narra" e cerca di "comprendere" è Franz Schauwecker, volontario nella Grande Guerra, prima della quale aveva studiato storia dell'arte e germanistica a Monaco di Baviera, Berlino e Göttingen. A renderlo celebre, subito dopo la fine della Guerra, fu il suo romanzo, in parte autobiografico, Im Todesrachen. Die deutsche Seele im Weltkriege, seguito, poi, da altre opere centrate sull'idea del soldato tedesco come precursore di una nuova civiltà. All'inizio degli anni Trenta Schauwecker prese le distanze dalla linea nazional-rivoluzionaria che, in precedenza, lo aveva visto collaborare con Ernst Jünger, e aderì alla NSDAP.

In Schauwecker è evidente l'idea che la Guerra Mondiale fosse uno choc necessario. La guerra non era stata persa a causa dei disfattisti e del cedimento del fronte interno, ribadisce Schauwecker, ma perché era storicamente necessario: «Dovevamo perdere la guerra per guadagnare la Nazione». È questa la tesi centrale del romanzo Aufbruch del Nation (Berlino 1929). L'opera si colloca in modo nuovo e originario nell'alveo della tradizione del Bildungsroman, dal momento che descrive il formarsi di una nuova coscienza di sé nel protagonista, Albrecht Urach, giovane e acuto studente di linguistica. In questo senso il romanzo è certamente il paradigma di un'intera generazione e rispecchia la percezione che molti intellettuali della KR hanno della sconfitta e della necessità di una rigenerazione nazionale. Albrecht si arruola volontario nei primi giorni di guerra del 1914, dopo aver incontrato per le strade di Berlino un anziano generale prussiano: «Quell'uomo dai capelli grigi aveva qualcosa di sacro. Dietro di lui si coglievano lo Stato e la Tradizione, l'Esercito e la Storia. Egli rappresentava il Potere. Il rumore della strada non lo toccava per nulla». Presto, però, la realtà cruda dei combattimenti cambia la personalità di Albrecht ed egli scopre in sé l'inganno del proprio individualismo. A poco a poco crescono in lui anche i dubbi sulla condizione e la natura presente dello Stato tedesco. Non riesce più a cogliere alcun nesso tra i combattenti al fronte e i cittadini rimasti a casa. I soldati difendono una patria che a loro pare sempre più lontana. Ormai Albrecht è convinto che la vita personale e individuale debba scomparire in quella della Nazione, ma la Nazione, così com'è, è qualcosa di dubbio e insufficiente. Il patriottismo di facciata di chi è rimasto a casa è vuoto e rende facile la diffusione di un internazionalismo, falso e traditore. Albrecht capisce allora che la Nazione tedesca esiste solo al fronte e che da lì occorrerà ricominciare. I politici e lo stesso Imperatore hanno svenduto la Nazione. Quando nel 1918 viene firmato l'armistizio, Albrecht percepisce la distruzione degli armamenti tedeschi, imposta dagli Alleati, come una sorta di autocastrazione della Nazione tedesca. Quando scoppia la rivoluzione di novembre capisce che, ormai, il fronte è all'interno. Solo quando si sarà sconfitti su questo nuovo fronte, quello più vero e difficile, la guerra sarà davvero persa. La Germania ha perso la guerra perché ha permesso che fosse tradita la propria sostanza spirituale, cedendo al materialismo borghese. Una vittoria della Germania guglielmina, borghese e sclerotizzata, sarebbe stata una sconfitta della «Germania segreta». Occorreva un nuovo fondamento da cui ripartire, su nuove basi che il presente e la storia devono rivelare.

Con questa lettura degli eventi bellici, Franz Schauwecker fondeva le istanze nazionalrivoluzionarie con quelle völkisch, ponendosi il problema di una rinascita identitaria della Nazione, in chiave fortemente antiborghese[35].

---

[35] *Die k. R.*, p. 119, 147-148, 152-153. Inoltre: S. Breuer, *La rivoluzione conservatrice* ..., p. 29. Sui rapporti con Jünger, brevemente, H. Schwilk, *o.c.*, pp. 278, 288-291.

2.4 – Arthur Möller van den Brück e il rifiuto dell'Occidente

L'opera matura di Arthur Möller van den Bruck, storico della cultura e delle dottrine dello Stato, è ascritta da Mohler tra i völkisch, più precisamente, come völkisch-nationalistisch, anche se i suoi scritti degli anni Venti influenzarono fortemente gli jung-konservative. La sua opera principale, pubblicata nel 1923 (due anni prima della sua morte) reca il titolo fatale: Das dritte Reich, riprendendo un'espressione che era già stata usata da Dietrich Eckart[36]. Nel 1914 si arruolò come volontario, venendo assegnato alla Auslandsabteilung der Obersten Heeresleitung, l'ufficio per le relazioni con l'estero dell'alto comando tedesco, con compiti di ufficio stampa e di propaganda. Una sorte simile toccò anche al giovane Carl Schmitt, arruolatosi volontario, ma assegnato all'alto comando bavarese e, più precisamente, gli uffici della censura militare[37].

Nel 1916 Möller van den Bruück pubblicò il saggio Der Preußische Stil, «Lo stile prussiano», ove definiva la Prussia come «volontà dello Stato» e il socialismo come ponte tra la Germania e la Russia, attaccando violentemente sia il parlamentarismo che il liberalismo. Il testo è all'origine di quel movimento che, in seguito, sarebbe divenuto il nazionalbolscevismo. Sulla medesima linea si colloca lo scritto Das Recht der jungen Völker («Il diritto dei popoli giovani»), in cui si difendono i diritti della Germania e della Russia, contro l'imperialismo occidentale e si rigettano le basi del trattato di Versailles. Anche la sua opera maggiore, il volume sul "terzo Reich", si colloca su questa linea, ricercandone i fondamenti nella storia[38]. L'Autore riprende il concetto medievale e germanico di Reich, distinguendo il primo, Il Sacro Romano Impero di Nazione Germanica, e il secondo, quello fondato grazie all'opera di Bismarck, dal terzo, cui attribuisce caratteri quasi messianici e che si sarebbe dovuto fondare dall'unione di ideali nazionalistici e identitari con un'impostazione socialista dell'economia e della società. La nuova Germania è, hegelianamente, presentata come sintesi dialettica delle due precedenti e, dunque, come sintesi di conservazione e rivoluzione. Möller van den Bruck è fortemente influenzato dal millenarismo dell'abate medievale Gioacchino da Fiore, ma anche dalla Città del Sole di Tommaso

---

[36] Cfr. Claus-Ekkehard Bärsch, *Die politische Religion des Nationalsozialismus*, Fink Verlag, München 1998, p. 50

[37] In proposito, cfr i diari dell'epoca: Carl Schmitt, *Tagebuch Februar bis Dezember 1915. Die Militärzeit 1915 bis 1919. Aufsätze und Materialien*, a cura di E.Hüsmert e G.Giesler, Akademie Verlag, Berlino 2005.

[38] Cfr. E. Nolte, *La Rivoluzione Conservatrice* ..., pp. 51-54.

Campanella. Il carattere mistico della sua visione della storia dipende, poi, anche dall'incontro, avvenuto a Parigi, con l'esule russo Dmitrj Mereeschkowski (1855-1921), scrittore di impronta gnostica, che influenzò anche il giovane Thomas Mann[39]. Alle idee di Möller van den Bruck si ricollegano direttamente alcuni pensatori della KR, come Heinrich von Gleichen, Edgar Julius Jung, Max Hildebert Boehm e Eduard Stadtler[40].

2.5 – Suggestioni gioachimite

Non meno critico rispetto ai principi liberali e alla società borghese, da una parte, ma anche al materialismo, non solo socialista, dall'altro è il già citato Eugen Rosenstock-Huessy, storico, filosofo della storia e del diritto, ma, soprattutto, figura ancora troppo poco nota al pubblico italiano. Mohler lo colloca tra i casi speciali degli Jungkonservative[41]. Anche per Rosenstock risulta decisiva l'esperienza della Grande Guerra, cui partecipò come ufficiale sul fronte occidentale, ma Mohler ne ricorda soprattutto le scelte militanti negli anni che seguirono. Rosenstock, ebreo convertito alla fede evangelica luterana, rientrato dal fronte rifiutò importanti incarichi universitari e giuridici legati alla repubblica di Weimar e accettò, invece, un impiego alla Daimler-Benz, dove fondò la prima rivista aziendale tedesca. Jünger descriverà, in seguito, questa fusione dell'intellettuale e dell'operaio nella sua opera Der Arbeiter. Nel 1920, Rosenstock-Huessy pubblicò presso la Patmos Verlag, da lui fondata insieme con Hans Ehrenberg e Leo Weismantel, il volume Die Hochzeit des Kriegs und der Revolution: "Il matrimonio della guerra e della rivoluzione", introducendo un concetto di "rivoluzione" disancorato dal mito positivista del progresso e dalle ideologie liberali. Come Thomas Mann, anche Rosenstock-Huessy è legato soprattutto alla prima fase della KR. Nel 1921 fondò l'Accademia del Lavoro di Francoforte sul Meno, salvo lasciarla, un anno dopo, per contrasti con gli altri docenti. Nel 1923

---

[39] Cfr. Volker Weiß, *Dostojewskijs Dämonen. Thomas Mann, Dmitri Mereschkowski und Arthur Moeller van den Bruck im Kampf gegen «den Westen»*. in: Heiko Kauffmann, Helmut Kellershohn, Jobst Paul (a cura di): *Völkische Bande. Dekadenz und Wiedergeburt – Analysen rechter Ideologie*, Unrast Verlag, Münster 2005.
[40] Cfr. Sebastian Maass (con prefazione di Alain de Benoist), *Kämpfer um ein drittes Reich. Arthur Moeller van den Bruck und sein Kreis*, Regin Verlag, Kiel 2010.
[41] Cfr. *Die k. R.*, p. 496.

accettò una cattedra presso l'università di Breslavia, occupandosi di diritto e filosofia del diritto nella società industriale. Tra il 1928 e il 1932 fu tra gli ideatori del Sozialer Arbeitdienst, campi di lavoro volontari (Arbeitsgemeinschaft) dove studenti, contadini e operai alternavano il lavoro manuale a discussioni sulla questione sociale e sulla sua soluzione[42]. Nel 1931 pubblicò sulla rivista Hochland un articolo intitolato Das Dritte Reich und die Sturmvögel des Nationalsozialismus[43], riconducendo l'espressione "Terzo Reich", ormai divenuta, alle sue fonti teologiche medievali, in particolare l'opera di Gioacchino da Fiore[44] e riprendendo le idee di Arthur Moeller van den Bruck. Vi criticava l'uso di questa espressione da parte del nazionalsocialismo: «Ci si è appropriati di un'espressione appartenente alla teologia applicandola all'immaginario secolare-statale» e si sosteneva la necessità di fondare un "terzo Reich cristiano", a guida tedesca, ribaltando le idee del 1789 e superando il nazionalsocialismo, considerato uno «sbandamento postbellico del nostro popolo». Rosenstock-Huessy, nella sua opera maggiore, sviluppa, poi, il concetto di rivoluzione storica, vale a dire, radicata nella storia, così decisivo per il pensiero di Carl Schmitt e Harold Berman[45].

Due giorni dopo la presa del potere di Hitler, Rosenstock-Huessy lasciò la cattedra e la Germania, emigrando negli Stati Uniti. L'idea di una rigenerazione conservatrice e rivoluzionaria in senso cristiano è rappresentata nella KR da numerosi pensatori di ambedue le confessioni[46], soprattutto tra gli Jungkonservative.

---

[42] *Die k. R.*, p. 161.

[43] Nr. 28. Juni 1931, pp. 193-211.

[44] Sulle suggestioni gioachimite nel pensiero moderno e contemporaneo, fondamentale: H.De Lubac, *La posterità spirituale di Gioacchino da Fiore*, 2 voll., Jaca Book, Milano, 1983-1984.

[45] Per l'edizione più recente dell'opera maggiore, cfr. Eugen Rosenstock-Huessy, *Die europäischen Revolutionen und der Charakter der Nationen*, Moers 1987.

[46] Cfr. *Die k. R.*, p. 478; 479ss.

2.6 – La Germania e la crisi della civiltà europea

In un contributo di questo genere non può mancare almeno un breve riferimento a Oswald Spengler, troppo spesso e troppo facilmente associato unicamente all'idea di declino della civiltà[47]. La sua opera più nota - Il tramonto dell'Occidente. Lineamenti di una morfologia della storia mondiale (Der Untergang des Abendlandes. Umrisse einer Morphologie der Weltgeschichte) - fu pubblicata per la prima volta nell'estate del 1918, dunque prima dell'armistizio. Nel 1922 al testo del 1918, ampiamente revisionato, fu aggiunto un secondo volume, pubblicato a Monaco. Come tutte le altre civiltà che l'hanno preceduta, anche quella occidentale vive l'ultima fase del suo declino. La decadenza coincide con la Zivilisation, la civilizzazione, vale a dire con l'ostinazione nel legame a forme vitali ormai incapaci di vita. L'opera fu tradotta in italiano da Julius Evola. In realtà, Spengler, che certamente è tra i maestri della KR, pensa la storia come una realtà priva di un vero senso specifico, dal momento che l'umanità stessa non è che un'entità astratta. Le uniche realtà storiche reali sono le civiltà (die Kulturen) e, di conseguenza non esiste alcuna storia universale, se non come biografia comparata delle culture che la percorrono. Il declino della cultura occidentale è una sola cosa con il suo divenire civiltà. Occorre una rigenerazione, un ritorno alla novità dell'origine che, per Spengler, può venire solo dalla Germania che, come Roma, raccoglie e fa propria l'eredità greca, riconciliando in sé le opposte tendenze. È la tesi di Socialismo e prussianesimo (1920), «che è uno dei manifesti della Rivoluzione Conservatrice. Un'opera che evidenzi la priorità dell'opposizione al marxismo». Per Spengler «il marxismo è un prodotto del pensiero inglese, di un pensiero "senza Stato", che deriva dallo spirito vichingo e considera tutto il mondo come un bottino»[48]. D'altra parte, la critica alla «democrazia formale» lo avvicina agli altri due grandi della KR, Ernst Jünger e Carl Schmitt, quest'ultimo, non a caso, spietato disvelatore dell'inconsistenza del cosiddetto positivismo giuridico (Kelsen), vale a dire di una legge che basta a se stessa e si pensa precedente la politica.

---

[47] Per un'edizione recente, cfr. Il tramonto dell'Occidente, introduzione di S. Zecchi e traduzione di J. Evola, Guanda, Parma 2002.

[48] E.Nolte, La Rivoluzione Conservatrice ..., p. 30 (passim).

2.7 – La KR e il nazionalsocialismo

Da ultimo, la quaestio vexata del rapporto tra KR e nazionalsocialismo. Proprio per il suo carattere "rivoluzionario", la KR è in rotta con il conservativismo liberale. All'interno della KR, poi, sussistono posizioni opposte rispetto al valore da dare o negare alla società tecnico-industriale. La KR, nel suo insieme, non ha alcuna fiducia nel sistema liberal-democratico, ritenendo necessaria la guida di un'èlite culturale, che si contrapponga alla massificazione della società liberale e alle forme di totalitarismo a cui essa si avvia. Su questo punto, malgrado alcuni esponenti della KR abbiano aderito alla NSDAP, la KR è in contrasto con il modello demagogico-totalitario del nazionalsocialismo. Lo stesso nazionalismo di molti esponenti della KR, se si fa eccezione con l'area völkisch – non si basa su presupposti razziali-razzistici e, specificamente, antisemiti, ma sull'idea di nazione come destino di un popolo. Il sentimento nazionale, così Carl Schmitt, è una sorta di fede comune, un mito nel senso di Sorel, ma con una consistenza reale e storica che quest'ultimo non conosce[49]. Anche l'idea di "sangue", il Blut und Boden della tradizione romantica, nella KR non è connesso a un biologismo razzistico-darwiniano. Il "sangue", sottolinea Ernst Jünger, non è un elemento biologico, «ma principalmente un concetto metafisico»[50].

Coerentemente con questa visione e su una linea distante dalla lettura revanchista propria della propaganda nazionalsocialista, dagli autori della KR la Grande Guerra tende a essere vista come la fucina dell'eroismo, il luogo della battaglia interiore (Jünger) e la prima tappa della grande rivoluzione europea, sostanzialmente coincidente con quel tragico fenomeno storico che Nolte chiamerà «la guerra civile europea».

Dal mito dell'eroe guerriero deriva una concezione della politica decisamente più vicina all'aristocrazia platonica che alle degenerazioni demagogiche tipiche del nazionalsocialismo. Non è un caso che molti esponenti della KR abbiano successivamente assunto posizioni di distacco e contrasto con il regime nazionalsocialista e, verso la fine della seconda guerra mondiale, abbiano posto in essere coraggiose iniziative di resistenza attiva (come, a titolo di unico esempio in questa sede, l'attentato a Hitler compiuto da Von Stauffenberg e dalla sua cerchia di

---

[49] Qui citato secondo Stefan Breuer, *Anatomie der konservativen Revolution*, Wissenschaftliche Buchgesellschaft, Darmstadt 1993, p. 82.
[50] *Ibidem*, p. 83.

amici)[51].

---

[51] Cfr., con ulteriori indicazioni bibliografiche Ursula Brekle, *Familie Stauffenberg –
Hitlers Rache.* Bertuch, Weimar 2018. Inoltre: Ulrich Cartarius,. Siedler, Berlin 1994
e Joachim Fest, *Staatsstreich. Der lange Weg zum 20. Juli*, Siedler, Berlin 1994.

3 – Conclusione

La KR è moderna perché parte dal disincantamento caratteristico della modernità e tende a sostituire le religioni secolarizzate e secolari con dei nuovi modelli di religiosità, che vanno da un Cristianesimo nazionale e identitario a varie forme di misticismo paganeggiante o di religione politica. La KR è critica riguardo all'ordine tecnico delle masse, ma non è nostalgica dell'ordine precedente, considerando quella della "tecnocrazia" l'ultima fase delle spoliticizzazioni e neutralizzazioni. D'altra parte, la KR è antimoderna perché attraversa radicalmente i modelli politici nati dalla Rivoluzione Francese e guarda oltre essi, contrapponendosi sia al liberalismo-borghese che al socialismo materialista, ma senza rimpianti per la società cetuale. In questo sta, del resto, il suo carattere "rivoluzionario". Da questo punto di vista, l'inizio di questa rivoluzione è proprio la Grande Guerra, che ha avviato un «fenomeno politico che investe l'Europa intera e che non è ancora certamente giunto alla sua fine», come osserva Armin Mohler, a distanza di alcuni decenni dalla conclusione della KR nella sua particolare periodizzazione storico-culturale. La guerra ha cambiato il mondo, anzitutto la stessa visione della guerra, poi la pace che ne dipende. «L'ascia di guerra si è spinta molto avanti a diradare la foresta del futuro», scrive Friedrich Georg Jünger[52]. A sua volta, Mohler, citando Ernst Troeltsch, sottolinea come «La prima guerra mondiale fu sin dal principio non solo uno scontro militare e una guerra nazionalistica, ma anche uno scontro di visioni del mondo, una "guerra di civiltà"»[53]. Quello di Mohler non è un giudizio strettamente storico, ma la ripresa concettuale della percezione che della guerra ebbero gli autori della KR. Si badi, poi: guerra non di nazioni, ma di civiltà, vale a dire il discrimine tra epoche storiche e il loro spirito. In questo senso, il nuovo nazionalismo, a differenza di quello vecchio, «era rivoluzionario. Quando parlava di comunità di popolo non intendeva fornire legittimità allo Stato democratico, ma sottrargliela»[54], ripensando la Nazione e lo Stato come realtà in profondo movimento.

---

[52] *Guerra e guerrieri* ..., p. 57.
[53] *Die k. R.*, p. 59.
[54] S. Breuer, *La Rivoluzione* ..., p. 157.

NOTA BIBLIOGRAFICA

Claus-Ekkehard Bärsch, Die politische Religion des Nationalsozialismus, Fink Verlag, München 1998.

Ursula Brekle, Familie Stauffenberg – Hitlers Rache, Bertuch, Weimar 2018.

Stefan Breuer, Anatomie der Konservativen Revolution, Wissenschaftliche Buchgesellschaft, Darmstadt 1993 (tr. ital.: La Rivoluzione Conservatrice. Il pensiero di Destra nella Germania di Weimar, a cura di C. Miglio, Donzelli, Roma 1995).

Id., Die radikale rechte in Deutschland 1871-1945. Eine politische Ideengeschichte, Reclam, Stuttgart 2010.

Steffen Bruendel, Die Geburt der «Volksgemeinschaft» aus dem «Geist von 1914». Entstehung und Wandel eines «sozialistischen» Gesellschaftsentwurfs, in: Wirkungen und Wahrnehmungen des Ersten Weltkrieges (a cura di Klaus Grosse Kracht e Vera Ziegeldorf), in: Historisches Forum 3/2004, Veröffentlichungen von Clio-online, Nr. 2 ISSN: 1612-5940 – Berlin, pp. 29-60.

Id., Zeitenwende 1914. Künstler, Dichter und Denker im Ersten Weltkrieg, Herbig, München 2014.

H. De Lubac, La posterità spirituale di Gioacchino da Fiore, 2 voll., Jaca Book, Milano, 1983-1984.

Joachim Fest, Staatsstreich. Der lange Weg zum 20. Juli, Siedler, Berlin 1994.

Hugo von Hofmannsthal, Das Schrifttum als geistiger Raum der Nation = http://ds.ub.uni-bielefeld.de/viewer/image/97830/1/LOG_0000/

Ernst Jünger, Im Stahlgewitter, Klett- Cotta Verlag, Stuttgart 2013, 2 voll. (prima ed. 1920; it., Nelle tempeste di acciao, Guanda, Parma 2007).

Id., Foglie e pietre, Adelphi, Milano 1997 (ed or. 1978).

Id., Il tenente Sturm, Guanda, Parma 2001 (ed. or. 1923).

Id., Feldpostbriefe an die Familie 1915-1918, Klett-Cotta Verlag 2014.

Georg e Ernst Jünger, Guerra e guerrieri, ed. it. a cura di M.Guerri, Mimesis Edizioni, Milano-Udine 2012.

Helmuth Kiesel, Ernst Jünger. Die Biographie, Siedler, München 2007

29

Reinhard Koselleck, Art. Revolution, in: Geschichtliche Grundbegriffe. Historisches Lexikon zur politisch-sozialen Sprache in Deutschland, Klett-Cotta, Stuttgart 1985 (Studiumsausgabe 2004), vol. 5, pp. 653-788.

Florian Kreier, Ernst Jüngers Widerstandstypen im Vergleich: Waldgänger und Anarch, Grin Verlag, München 2009.

Paul Lensch, Drei Jahre Weltrevolution. Fischer, Berlin 1918.

Sebastian Maass (con prefazione di Alain de Benoist), Kämpfer um ein drittes Reich. Arthur Moeller van den Bruck und sein Kreis, Regin Verlag, Kiel 2010.

Thomas Mann, Betrachtungen eines Unpolitischen = Große kommentierte Frankfurter Ausgabe. Frankfurt 2002, Vol. 15 (Prima edizione tedesca, Fischer Verlag, Berlin 1918. Edizione italiana: Adelphi, Milano 1997).

Martin Meyer, Ernst Jünger, Carl Hanser Verlag, München-Wien 1990.

Armin Mohler, Gegen die Liberalen, Edition Antaios, Schnellroda, 2010 (tr. it. XY.IT Editore, Novara 2015).

Id., Die konservative Revolution in Deutschland 1918-1932. Ein Handbuch, a cura di K. Weissmann, Ares Verlag, Graz 2005, arricchita da un ricco apparato bio-bliografico (ed. or., 1950; tr. it. La Rivoluzione Conservatrice in Germania 1918-1932, La roccia di Erec, Firenze 1990).

George L. Mosse, The crisis of German Ideology. Intellectual origins oft he third Reich, Schocken Books, New York 1981 (ed or. 1964).

Ernst Nolte, Die faschistische Bewegungen (= DTV–Weltgeschichte des 20.Jahrhunderts, Vol. 4), DTV, München 1971.

Id., Der Faschismus in seiner Epoche. Action française – Italienischer Faschismus – Nationalsozialismus. Mit einem «Rückblick nach dreißig Jahren», Piper, München 1995.

Id., Heidegger e la Rivoluzione Conservatrice, con la collaborazione di Alberto Krali, SugarCo, Milano 1997.

Id., La rivoluzione conservatrice nella Germania della Repubblica di Weimar, tr. it. di L. Iannone, Rubettino, Soveria Mannelli 2009.

Id., Heidegger. Tra rivoluzione conservatrice e guerra civile in Europa, La Scuola, Brescia 2017.

Giuseppe Reguzzoni, Modernità e secolarizzazione. Aspetti e protagonisti del dibattito storico-interpretativo nell'area culturale tedesca del secondo Novecento, Università Cattolica del Sacro Cuore di Milano - Pubblicazioni del Dottorato di ricerca in Storia e Letteratura dell'età moderna e contemporanea, 1, Milano 2006 (ISBN 97888900992-74).

Id. La figura dell'Anarca in Ernst Jünger, ovvero la conversione attraverso la Bellezza, in: Rivista Teologica di Lugano, 2/2020, pp. 357-371.

Michael Rieger, In den Weimarer Schützengräben, in "Sezession" 67 (Berlin - Schnellroda, agosto 2015), pp. 46-48

Eugen Rosenstock-Huessy, The christian future: or the modern Mind Outrun, Argo Book, New York 1966.

Id, Die europäischen Revolutionen und der Charakter der Nationen, Brendow Verlag, Moers 1987

Carl Schmitt, Le categorie del politico, tr. it. di P. Schiera, a cura di Gianfranco Miglio, Il Mulino, Bologna 1972.

Id., Tagebuch Februar bis Dezember 1915. Die Militärzeit 1915 bis 1919. Aufsätze und Materialien, a cura di E.Hüsmert e G.Giesler, Akademie Verlag, Berlino 2005.

Günther Scholdt, Die große Autorenschlacht. Weimars Literaten streiten über den Ersten Weltkrieg (Berliner Schriften zur Ideologienkunde, Vol. 5), I.F.S. – Antaios, Schnellroda 2015.

H. Schwilk, Ernst Jünger. Ein Jahrhunderleben. Die Biographie, Piper, München-Zürich 2007 (ed. it. Effatà, Cantalupa Torino 2013).

Rolf Peter Sieferle, Die konservative Revolution. Fünf biographische Skizzen, Landtverlag, Berlin 2019.

Oswald Spengler, Il tramonto dell'Occidente, introduzione di S. Zecchi e traduzione di J. Evola, Guanda, Parma 2002 (ed. or. 1918-1922).

Id., Preussentum und Sozialismus, Arktos, London 2012 (ed. or. 1918).

Zeev Sternhell/ Mario Sznajder/ Maia Asheri, Die Entstehung der faschistischen Ideologie. Von Sorel zu Mussolini, Hamburger Edition, Hamburg 1999.

Michael Stolleis, Recht im Unrecht. Studien zur Rechtsgeschichte des Nationalsozialismus, Suhrkamp. Frankfurt a. M. 1994,

Volker Weiß, Dostojewskijs Dämonen. Thomas Mann, Dmitri Mereschkowski und Arthur Moeller van den Bruck im Kampf gegen «den Westen», in: Heiko Kauffmann, Helmut Kellershohn, Jobst Paul (a cura di): Völkische Bande. Dekadenz und Wiedergeburt – Analysen rechter Ideologie, Unrast Verlag, Münster 2005, pp. 90-122.

Id., Arthur Moeller van den Bruck, der Prophet des «Dritten Reichs», in: Zentrum liberale Moderne (a cura di), Das alte Denken der Neuen Rechten, die langen Linien der antiliberalen Revolte, Berlin 2019, pp. 53-61.

Karlheinz Weißmann, Der nationale Sozialismus. Ideologie und Bewegung 1890 bis 1933, Herbig, München 1998.
Id., Armin Mohler. Eine politische Biographie, Antaios, Schnellroda 2011.

YOUR KNOWLEDGE HAS VALUE